# ORIENTERINGSLISTE

## TIL

# SKOLEKAART OVER EUROPA,

## MED SÆRLIGT HENSYN PAA HØIDEFORHOLDENE,

EFTER

ESQUISSE OROGRAPHIQUE DE L'EUROPE

PAR

J. H. BREDSDORFF & O. N. OLSEN,

VED

## J. THOMSEN.

KJÖBENHAVN.

FORLAGT AF CHR. STEEN & SØN.

THIELES BOGTRYKKERI

1863.

# Forord.

Ligesom det Skolekaart, hvortil disse Blade henhøre, hovedsagelig
er en Udførelse i forstørret Maal af »Esquisse orographique de
l'Europe par J. H. Bredsdorff & O. N. Olsen«, der i sin Tid er
udkommen paa Reitzels Forlag, saaledes er ogsaa Orienterings-
listen en Oversættelse i Udtog af den til samme hørende Com-
mentar.

Savnet af et bedre Hjælpemiddel ved den geografiske Under-
viisning, til Oversigt over Høideforholdene, har for lang Tid siden
ledet mig til det første Forsøg, medens den yderligere Omarbeidelse
og Udgivelsen er foranlediget ved hæderlige Sagkyndiges Opmun-
tring og Anbefaling.

»Esquisse or.« er, ifølge Commentaren, udarbeidet paa Basis
af en Snees Tusinde maalte Punkter, og Forarbeiderne til samme
ere af det geografiske Selskab i Paris belønnede med en Guld-
medaille. Derhos har Videnskabernes Selskab i Kjøbenhavn kraf-
tigt understøttet dette Arbeide og flere af dets lærdeste Medlemmer
have værdiget det en særdeles Opmærksomhed.

Dette Mønster har jeg i Hovedtrækkene fulgt med saa stor
Nøiagtighed, som til Skolebrug maatte ansees fornøden, og kun til-
ladt mig Afvigelser fra samme efter Sagkyndiges Raad.

Det østlige Rusland, som er udeladt paa Esquisse or., er
medtaget paa Skolekaartet, men uden den tilsvarende Betegnelse
af de orographiske Forhold, hvortil jeg langt mindre var istand
end Forfatterne af hiint. Bjergtegningen paa Island er rettet efter
det af det islandske Selskab 1849 over dette Land udgivne Kaart,
ligesom nogle smaa Forandringer ere foretagne i de østlige Kar-
pather og paa enkelte andre Steder.

For at fremhæve Høilandet saaledes, at selve Høideforskjel-
len til en vis Grad kunde skjelnes i nogen Afstand, har jeg an-

4

vendt Schatteringer istedetfor Kurver. Den første svage Schattering betegner Høiden fra 500 til 1000 par. Fod over Havets Overflade, den anden fra 1000 til 2000, den tredie fra 2000 til 3000, og saaledes fremdeles hver følgende Schattering en Forøgelse i Høiden af 1000 par. Fod.

Mellemrummet mellem Schatteringerne er hvidt: paa Kaartets sydlige Halvdeel over 8000 Fod, i det sydlige Norge over 5000, nordligere over 4000 og i det nordlige samt paa Island over 3000 Fod; hermed skulde tilnærmelsesviis Sneelinien være betegnet.

Anførelsen af Navne paa Byer, Floder, Søer o. s. v. er anseet ufornøden, og da den baade vilde skade Kaartets Tydelighed og dets Brugbarhed som Examinationskaart, er den udeladt; derimod er der, med Hensyn til Høidepunkterne, ved Taltegn henviist til nærværende Orienteringsliste, der i 12 Systemer indeholder Navnene paa de til Tallene svarende Høider, nemlig:

| | | |
|---|---|---|
| I. | Island | 1—25 incl. |
| | Færøerne | 1—4 - |
| II. | Det skandinaviske System . | 1—50 - |
| III. | Det brittiske System: | |
| | Schetlandsøerne | 1. |
| | Orkenøerne | 1. |
| | Hebriderne | 1—3 - |
| | Skotland | 1—23 - |
| | England | 1—24 - |
| | Irland | 1—12 - |
| IV. | Det hesperiske System: | |
| | Pyrenæerne | 1—16 - |
| | Halvøen og tilhørende Øer i Middelhavet | 1—60 - |
| V. | Det galliske System, mellem Languedoc - Canal, den franske og belgiske Slette, Rhinen, Aar, Genfersø og Rhone | 1—49 - |
| VI. | Det germanniske System, mellem Rhinen, den hollandske Slette, Landene Hannover og Brandenburg, samt Floderne Oder, March og Donau | 50—112 - |

De med * betegnede Tal svare til de paa Kaartet understregede.

Den politiske Inddeling er paa Kaartet svagt angivet, saa at det kan coloreres derefter, naar saadant forlanges, mod en ringe Forhøielse af Prisen.

Efter saaledes at have gjort Rede for mit Forhold til det her omhandlede Arbeide og meddeelt de til Brugen af samme fornødne Forklaringer, maa jeg udtale min Tak til de hæderlige Mænd, der paa nogen Maade have bidraget til at fremme dets Udgivelse, ligesom jeg fremdeles maa anbefale det til Skolemænds velvillige Prøvelse og Bedømmelse som et Forsøg paa at gjøre et i og for sig udmærket Apparat brugbart for Skolen.

Sluttelig tillader jeg mig at anføre de Udtalelser, som anerkjendte dygtige Fagmænd have meddeelt mig med Tilladelse til Offentliggjørelse, om dette Arbeide.

Nakskov i Januar 1863.

J. Thomsen.

Efter Anmodning har jeg gjennemseet et Korttegningsarbeide af Hr. J. Thomsen, Lærer ved den borgerlige Realskole i Nakskov. Det er en Udførelse i forstørret Maalestok af den afdøde O. N. Olsens (og Bredsdorffs) »Esquisse orographique de l'Europe« og gjengiver dette fortjenstfulde Arbeides Hovedtræk i en smuk og tiltalende samt meget tydelig Fremstilling, der gjør det til et hensigtsmæssigt geographisk Hjælpemiddel i vore Skøler. Navnlig er Hr. Thomsens Kort at foretrække for det saa almindeligt udbredte v. Südowske Væggekort over Europa.

Da man her i Landet nu stærkt arbeider paa at lade danske Hjælpemidler ved Underviisningen afløse de fremmede, anbefaler jeg Hr. Thomsens Arbeide til Forlæggernes Prøvelse og Opmærksomhed som vel skikket til at træde istedetfor det nævnte eller lignende tydske Væggekort.

Nykjøbing paa Falster den 3die August 1861.

**C. Paludan Müller,**

Rector.

I de Aar, jeg var Præst i Nakskov, havde jeg Leilighed til i Skolelærer J. Thomsen sammesteds at lære at kjende en særdeles dygtig og nidkjær Skolemand, der, som Lærer i Geographie ved Borgerskolen, med ikke ringe Opoffrelse af Tid gjentagne Gange til Brug for Skolen udarbeidede større Væggekaart over Europa og Danmark, der i Henseende til Fuldstændighed og Brugbarhed overgik, hvad der da hertillands gjennem Boghandelen var leveret. Efter det Bekjendtskab, jeg har til den geographiske Underviisning, som den gives i Borgerskolerne — navnlig Realklasserne — her i Stiftet, maa jeg antage, at ved et Kaart, som det, Skolelærer Thomsen nu efter Olsens »Esquisse orographique de l'Europe« har udarbeidet i forstørret Maalestok, vil et Savn afhjælpes i denne Underviisning, hvorfor jeg, efter given Anledning, ikke har troet at burde undslaae mig for, ved denne Erklæring at bidrage til, at vedkommende Skolebestyrelsers Opmærksomhed kunde henledes paa det gavnlige Hjælpemiddel ved den geographiske Underviisning, Skolelærer Thomsen i dette Kaart har leveret.

Bispegaarden ved Nykjøbing den 17de November 1861.

**Bindesbøll.**

Jeg har paa Hr. Lærer Thomsens Anmodning gjort mig bekjendt med det Skolekort, han har tegnet paa Basis af Olsens »Esquisse orogr. de l'Europe«. Det er efter min Mening tilstrækkelig nøiagtigt, og i det Hele udarbeidet med megen Flid. Hvad dets Brugbarhed angaaer, kan der neppe være Tvivl om, at det jo, vel udstyret fra Lithographens Haand, baade bør og vil fortrænge de tydske Vægkort (f. Ex. de Südowske), der nu ere udbredte i saa mange Exemplarer her i Landet.

Kjøbenhavn i August 1861.

**C. V. Rimestad.**

Det skulde glæde mig, om jeg ved min Anbefaling kunde bidrage til, at det af Hr. Lærer J. Thomsen paa Basis af Olsens »esquissse orographique de l'Europe« i forstørret Maalestok udarbeidede Væggekort over Europa maatte blive anskaffet til Brug ved den geographiske Underviisning i Kjøbenhavns Drenge- og Pigeskoler. Da vi længe nok have maattet tye til de tydske Væggekort, blandt hvilke selv de her i Landet meest brugte (de Sydowske) ingenlunde ubetinget tør roses, forekommer det mig, at der er al Anledning til at afbenytte et dansk Kort, der ved sin tydelige og anskuelige Fremstilling i Forbindelse med en smuk og tiltalende Form vidner om den Flid og Kjærlighed til Gjenstanden, hvormed det er udarbeidet.

Kjøbenhavn, den 8de April 1863.

J. Holbech,
Professor, Skoledirecteur i Kjøbenhavn.

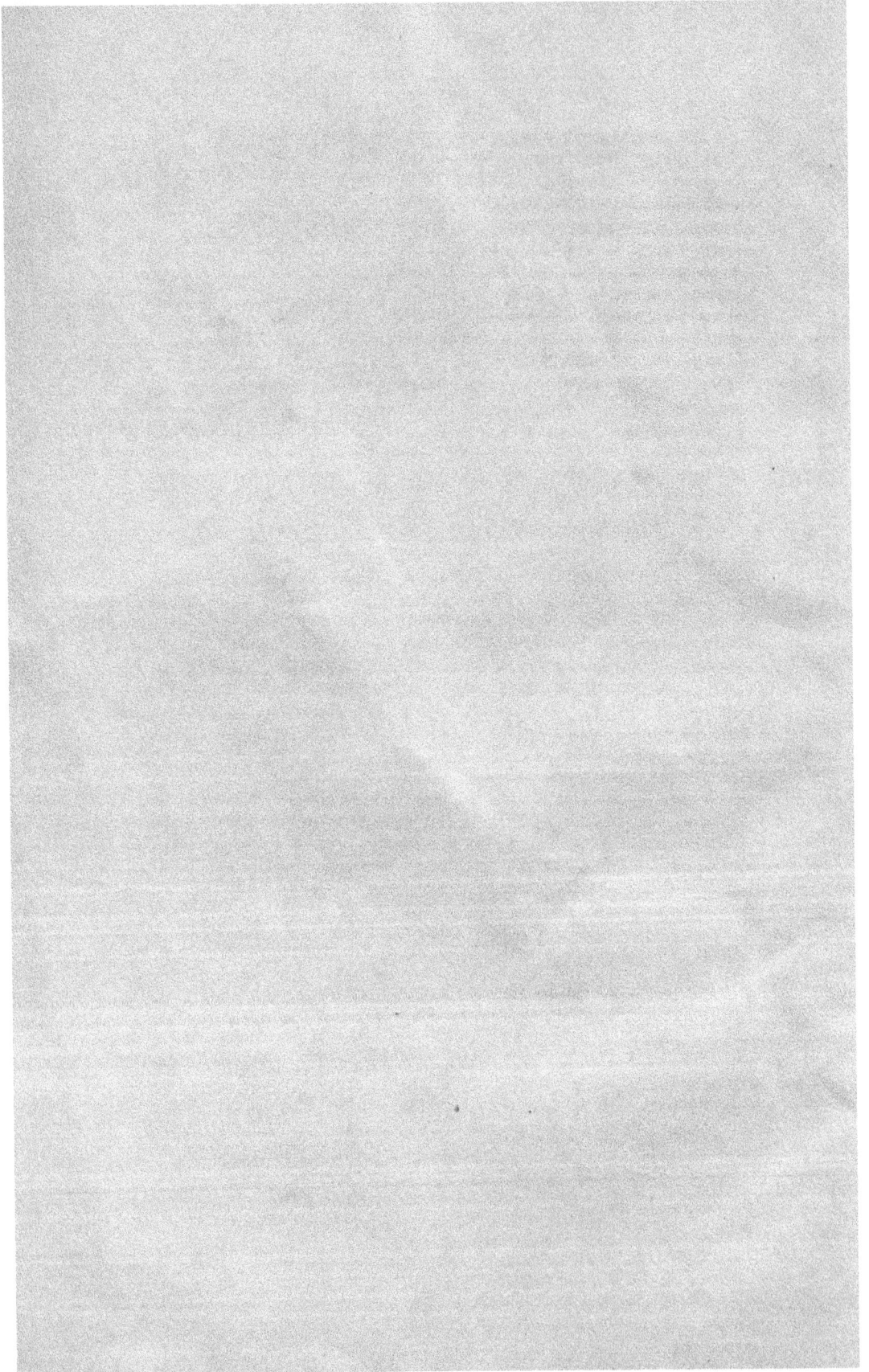

# I. Island.

1. Drangajökull.
2. Glámujökull.
3. Hafratindr.
4. Snæfellsjökull.
5. Hvammsfell.
6. Heljarfjall.
7. Rimar.
8. Kaldbakr.
9. Langajökull.
10. Hoffsjökull.
11. Kjärlingafjall.
12. Hágángr nyrðri.
13. Herðubreið.
14. Hekla.
15. Tinfallajökull.
16. Ejafjallajökull.
17. Mýrdalsjökull.
18. Klofajökull.
19. Øræfajökull.
20. Stórhöfði.
21. Snæfell.
22. Afrettartindr.
23. Beinageitarfjall.
24. Dyrfjöll.
25. Smjörfjall.

### Færøerne.

1. Slattara Tind.
2. Skjellingfjeld.
3. Beineswere.
4. Lille Dimon.

## II. Skandinaviske System og Finland.

Naturlige Grændser: Nordhavet, Ishavet, det hvide Hav, Søerne One-gas og Ladogas Bassin, den finske Bugt, Østersøen og Kattegattet.

### Nordlige Parti,

bestemt mod Nord ved Iishavet og mod Syd ved Trondhjemsbugten og Indalselv. Den indbefatter Laplands Bjerge, almindeligen bekjendt under Navn af Kjølen, og det norske Archipel eller Øgruppen Lofoden.

1. Nordcap (paa Magerø).
2. Øen Seiland.
3. Stjernø.
4. Jøkelfjeld.
5. Storvandsfjeld.
6. Vorjeduder.
7. Rastekaisa.
8. Lyngen-Fjeld.
9. Øen Senjen.
10. Hindø.
11. Vaagø.
12. Sulitelma.
13. Gellivara Malmberg.
14. Givortfjeld.

### Mellemste Parti,

imellem Trondhjems - Fjord og Indalselv mod Nord, og Roms-dalselv, Læssøværkvandet, Lou-gen, Storelven, Vennern og Vet-tern mod Syd. Det er Dovrefjeld, som udgjør de fornemste Masser paa dette Strøg.

15. Mæreskalsfjeld.
16. Areskutan.
17. Syltop.
18. Sneehætten.

19. Romsdalshorn.
20. Harebakken.
21. Rundene.
22. Tronfjeld.
23. Hummelfjeld.
24. Skarven;
25. Kjølfjeld.
26. Rutefjeld.
27. Vigelfjeld.
28. Svukufjeld.
29. Städjan.
30. Salfjeld.
31. Herjehägne.
32. Tifveden.

### Sydlige Parti,

mellem Romsdalselv, Lougen og Norges sydlige Forbjerg Lindes-næs. Det indbefatter Bjerg-masserne Langefjeld, Sognefjeld, Filefjeld og Hardangerfjeld, til-sammen bekjendte under Navn af Langefjeld.

33. Lodalskaabe.
34. Sneebræen (Justedals).
35. St. Galdhóppingen.
36. Skagastólstind.
37. Mugnafjeld.
38. Suletind.
39. Revildseggen.
39* Harteigen.
40. Hallingskarven.
40* Hallingjökel.
41. Gutefjeld.
42. Folgefond.
43. Vattendalsfjeld.
44. Tindfjeld.
45. Gousta.
46. Liefjeld.
47. Skrefjeld.

### Skandinaviske Slette,

imellem de ovenfor omtalte Søer Vennern og Vettern samt Katte-gat og Østersøen.

48. Kinnekulla.
49. Taberg.
50. Rytterknægten (Bornholm).

### Finland,

adskilt fra de store skandina-viske Masser ved Landets Ind-sænkning imellem den botniske Bugt og det hvide Hav. Det hoieste Punkt 1200 par. Fod.

## III. Brittiske System.

### Skotland.

#### 1. Nordlige Gruppe,

(indbefattende de omliggende Øer) mellem Havet og den caledoniske Kanal, som forbinder Bugten ved Linnhe med den ved Murray.

##### Shetlandsøerne.

1. Rona (paa Mainland).

##### Ørkenøerne.

1. Øen Hay.

##### Hebriderne.

1. Conochan (St. Kilda).
2. Chuchullin Bj. (Sky).
3. Benmore (Mull).

##### Fastlandet.

1. Ben Wywis.
2. Mealfourvonny.

#### 2. Midter-Gruppen,

mellem den caledoniske Kanal og den, som forbinder Bugterne ved Forth og Clyde. Den be-staaer hovedsaglig af Grampian-bjergene og Invernessbjergene.

3. Ben Newis.
4. Ben Cruachan.

##### Grampianbjergene.

5. Battock.
6. Cairngorm.
7. Ben-Maedhu.
8. Schallion.
9. Ben Lawers.
10. Ben More.
11. Ben Lomond.

12. Quoilbhein (Øen Bate).
13. Goatfell (Øen Arran).
14. Ben Oir (Øen Jura).
15. Ochill Hills.

### 3. Sydlige Gruppe,

imellem Indsænkningen mellem
nævnte Forth- og Clyde-Bugter
og en Linie fra Newcastle upon
Tyne til Bugten ved Solway.

16. Lammermoor-Hills.
17. Pentland Hills.
18. Lowther Hills.
19. Larg.
20. Griffel.
21. Carterfell.
22. Cheviothill.
23. Hartfell.

### England.
#### 1. Nordlige Parti,

begrændset mod Syd af Trent- og
Severn-Dalene og mod Nord af Ind-
sænkningen imellem Tyne-Floden og
Solway-Bugten.

1. Crossfell.
2. Skiddow.
3. Hellwyln.
4. Scan-Fell.
5. Sneafell (Øen Man).
6. Wharnside.

#### 2. Gallernes Land og Cornwallis,

vest for Floderne Severn og Ex.

7. Penman Mawr.
8. Snowdon.
9. Cadre Idris.
10. Plynlimon.
11. Quentockhills.
12. Yestor.

#### 3. Sydlige Parti,

eller Englands store Slette, be-
stemmes ved de under 1 og 2
omtalte Delinger, Kanalen og
Nordsøen.

13. Barton Hill.
14. Inkpen Beacon.

15. Mendiphill.
16. Pilsden-Hill.
17. Bull-Barrow.
18. Beacon-Hill.
19. Bagshot-Head.
20. Busterhill.
21. Dunnose (Øen Wight).
22. Leith-Hill.
23. Botley-Hill.
24. Beachy-Head.

### Irland.

1. Agrewshill.
2. Davis.
3. Mourne-Hills: Sleibh Donard.
4. Longfield.
5. Nephin.
6. Croagh-Patrik.
7. Cahirconree.
8. Macgillycuddys-Reeks.
9. Mangerton.
10. Knock Meale-Dvwn.
11. Hungryhill.
12. Mt. Gabriel.

### IV. Hesperiske System.
#### Nordlige Parti

indbefatter 2de Afdelinger.

##### 1ste Deel.

bestemt ved Adour-Fl., Landes-Can,
Garonne, Languedoc-Can, Middel-
havet, Ebro og Indsænkningen ved
Pyrenæerne mellem Bayonne og
Pamplone. Denne Deel indbefatter
Pyrenæernes Masse.

1. Puy de Bugarach.
2. Canigou.
3. Mt. Mosset.
4. Pic de Fontargent.
5. Mont Calm.
6. Maladetta (Pic d'Nethou).
7. Pic Posets.
8. Mt. Perdu.
9. Pic Long.
10. Pic du Midi de Bigorre.
11. Vignemale.
12. Pic du Midi de Pau.

13. Puy se Calm.
14. Rocca Corvo.
15. Matagallos.
16. Mouserrat.

**2den Deel,**

mellem den omtalte Sænkning, Biscaya-Bugten, Oceanet, Duero og Ebros og Pissiergas Kilder. De asturiske Bjerge udgjøre en Deel af denne Afdeling.

1. Sierra de Salinas.
2. Alta del Escudo.
3. Sjerra-Sejos.
4. Las Sjerras-Albas.
5. Puerto de Manzanal.
6. Pennas de Europa.
7. Sjerra de Mondonedo.
8. Sjerra de Torinnona.
9. Sjerra de Suazo: Mont-Gaviarra.
10. Sjerra de Guerez: Murro de Burageiro.
11. Sjerra de Montezinho.
12. Sjerra de Morao.

**Mellemste Parti**

indbefatter 3 Dele, nemlig:

**1ste Deel,**

dannet af Oceanet, Duero og Tajo, indbefatter Sjerra de Guadarama, Sjerra de Gredos og Sjerra de Estrella.

13. Sjerra de Guadarama: Col de Sommo-Sjerra.
14. Puerto de Guadarama.
15. Penna-Lara.
16. Parameras d'Avila.
17. Sjerra do Gredos.
18. Sjerra de Gata.
19. Sjerra de Francia.
20. Sjerra de Estrella.
21. Sjerra de Melrica.
22. Monte Junto.
23. Sjerra de Cintra.

**2den Deel,**

mellem Tajo og Gudiana, indbefatter Sjerra de Guadaloupe og Sjerra Monchique.

24. Sjerra de Guadeloupe.
25. Sjerra de Potalègre.
26. Sjerra d'Arrabida: Le Formosinho.
27. Sjerra de Monchique: La Foya.
28. Sjerra de Toledo.
29. Sjerra de Caldeirao: Monte Figo.

**3die Deel,**

mellem Ebro, Middelhavet, la Segura og de store Floders Kilder, som falde i Havet mod Vest. Denne Afdelings Bjergmasser ere, endskjøndt aldeles isolerede, bekjendte under det almindelige Navn: den iberiske Bjergkjede.

30. la Sjerra de Occa.
31. Sjerra de Moncayo.
32. Sjerra Ministra.
33. Sjerra de Molina.
34. Sjerra de Albaracin.
35. Collado de la Plata.
36. Muela de Ares.
37. Pennagolosa.
38. Pic d'Espadan.
39. Cuenca Bj.

**Sydlige Parti,**

i 2de Afdelinger, nemlig:

**1ste Deel,**

mellem Guadiana og Guadalqvivir, indbefatter Sjerra Morena mod Øst og flere store Masser mod Vest, hvis høieste Punkt er Cumbre d'Aracena.

40. Sjerra Morena.
41. — Almuradiel (passage).
42. — de Constantina.
43. Puerto de Monasterio.
44. Cumbre d'Aracena.

**2den Deel,**

omgivet af Guadalqvivir, Middelhavet og Segura; den høieste Masse af det Hesperiske System: Sjerra Novada er indbefattet i denne Deel.

45. Sjerra Sacre.
46. — de Filabres.
47. — Cabeza de Maria.
      Sjerra Nevada.
48. Sjerra de Gador.
49. Mulhacen.
50. Pic de Veleta.
51. Sjerra Tejada.
52. — de Alhama.
53. Alpujarras.
54. Sjerra de Moron.
55. Serrania de Ronda.

De baleariske og de pityu-
siske Øer.

56. Majorca: Silla Torellos.
57.           Puig Major.
58. Minorca: Monte Toro.
59. Formentera: La Mola.
60. Iviza: Campvey.

## V. Det galliske System.

Naturlige Grændser: Middelhavet, Languedoc - Canal, den franske og belgiske Slette, Rhinen, Aar, Genfer-søen og Rhone.

### Nordlige og mellemste Parti

indbefatter de 3 følgende Dele, nemlig:

1ste Deel,

mellem Frankrigs og Belgiens Slette, Loire, Canal du Centre, Saone og Mosel. Den indbefatter de smaa Masser og Høisletterne i det østlige Frankrig: Cote d'or, Langres Høislette, Argonne-Skoven, Ardennerne, Hohe Veen og Eiffel.

1. Hohe Veen.
2. Eiffel: Fagnes.
3. Ardennerne.
4. Argonne-Skoven.
5. Telegraph-Bj.
6. Othe-Skoven.
7. Langres Plateau.
8. Morvan-Bj.
9. Cote d'Or.

2den Deel,

begrændset af Rhinen, Elsas-Canalen, le Doubs, Saonen og Mosel, indbefatter Vogeserne og Hundsrück.

10. Hundsrück: Erbsenkopf.
11. Donnersberg.
12. Potzberg.
13. Hardt: Calmuck.
14. Vogeserne: Donon.
15.            Bressoire.
16.            Gr.-Ventrou.
17.            Ballon de Sulz.
18.            Ballon de Alsace.
19. Monts Faucilles.

3die Deel,

mellem Genfersø, Rhone, Saone, Doubs, Elsas-Can., Rhinen, Aar og Høisletten ved Bern; Jura-kjeden er den vigtigste Masse i denne Deel.

20. Mont Terrible.
21. Jura: Mont Colombier.
22.        Reculet.
23.        Dole.
24.        Col de Marchéron.
25.        Tendre.
26.        Suchet.
27.        Chasseron.
28.        St. Imier.
29.        Hasenmatte.

### Sydlige Parti

indbefatter 2de Dele, nemlig:

1ste Deel,

mellem Saone, Rhone, Middelhavet, Languedoc-Can., Garonne, Lot, Allier, Loire og Canal du Centre. Sevennerne, i Almindelighed taget, er den vigtigste Masse eller Kjede paa dette Rum; de indbefatte de sorte Bjerge, Espinouse-Bj., Garriques-Bj., Sevennerne i egentlig Forstand, Forez-Bj., Lyonnais-Bj. og Charolois-Bj.

30. Charolois-Bj. (Haute-Jonx.)
31. Lyonnais-Bj.: Mont Tarare.
32.               Mont Pilat.

Sydlige Sevenner.

33. Mt. Mezenc.
34. Locère.
35. Aubrac-Bj.
36. Margeride-Bj.

Nordlige Sevenner eller
Forez-Bj.

37. Pierre sur Haute.
38. Puy de Montocelle.
39. Levezon-Bj.
40. Garriquer.
41. Espinouse Bj.
42. Monts Noires.
43. Caune-Bj.

2den Deel,
mellem Garonne, Frankrigs Slette,
den første Afdeling af den om-
talte nordlige Deel og den første
af denne. Den indbefatter Au-
vergne - Bjergene med Audouze
eller Odouze-Bj.

44. Plomb du Cantal.
45. Monts-Dores: Puy de Sancy.
46. Puy de Dome.
47. Mont Odouze.
48. Mont Jargean.
49. Puy-Vieux.

## VI. Germaniske System.

Naturlig Grændse: Rhinen, den
hollandske Slette, Landene Han-
nover og Brandenborg, Oder, March
og Donau.

### Vestlige Parti

indbefatter 3 Dele.

1ste Deel,
imellem Hollands Slette, Weser,
Main indtil Würzburg, Høisletten
mellem Würzburg og Jaxt, Ne-
kar og Rhinen indtil Wesel (W).
Den indbefatter Tydslands smaa
Bjerggrupper: Odenwald, Spes-
sart, Rhon, Vogelgebirge, Tannus,
Westerwald, Siebengebirge, Teuto-
burger - Wald og flere mindre
vigtige.

50. Wesergebirge: Dörnberg.
51. Teutoburgerwald.
52. Kahle Astenberg.
53. Siebengebirge: Löwenburg.
54. Westerwald: Galgenberg.
55. Montabauer.
56. Taunus: Grosz-Feldberg.
57. Odenwald: Malchen.
58. Oelberg.
59. Katzenbuckel.
60. Spessart: Geiersberg.
61. Rhongebirge: Kreuzberg.
62. Vogelgebirge: Oberwald.
63. Meisnerberg.

2den Deel
dannes fornemmelig af Schwarz-
wald mellem Neckar og Rhinen.

64. Kaiserstuhl.
65. Schwarzwald: Katzkopf.
66. Kandel.
67. Feldberg.

3die Deel,
imellem Neckar, Donau, Naab,
Regnitz, Main og den første
Deels Grændse imellem Main og
Jaxt. Rauhe-Alp er den eneste
Masse i denne Deel.

68. Rauhe-Alp: Hohenberg.
69. Rossberg.
70. Sternberg.
71. Aalbuch.

### Midterste Parti

bestaaer af 3 Dele, nemlig:

1ste Deel,
imellem Aller eller Landet Han-
novers Slette, Elben, en Linie
fra Nördlingen (N) til Holzmin-
den (H) ved Göttingen, og We-
ser; den lille Harz-Gruppe og
en Deel af Weserbjergene ere
de mærkeligste.

72. Sollingerwald: Moosberg.
73. Elmberg (Kuksberg).
74. Harzen: Brocken.

2den Deel,
mellem en Linie fra Holzminden
(H) til Nördlingen (N) ved Göt-

tingen, Saale, Mains, Egers og
Naabs Kilder, Regnitz, Main,
Werra og Weser, indbefattende
Thüringerwald, Eichfelder-Bj. og
den lille Fichtel-Gruppe.

75. Eichfeldergeb.
76. Ettersberg.
77. Thüringerwald: Inselberg.
78. Schneekopf.
79. Dolmarberg.
80. Blessberg.
81. Gross-Gleichberg.
82. Hass-Berg.
83. Frankenwald: Sieglitzberg.
84. Gr. Kornberg
85. Fichtelgebirge: Ochsenkopf.

3die Deel,

dannet af Saale, Eger og Elben,
indbefatter Erzbjergene.

86. Erzgebirge: Fichtelbrrg.
87. Schneeberg.
88. Mittelgebirge: Donnersberg.
89. Petersberg.

**Østlige Parti,**

i 2 Dele, nemlig:

1ste Deel,

imellem Naab, Donau, Iglawa,
Zassawa, Moldau og Eger, Böh-
merwald og en Deel af Hoi-
sletten Mæhren og Böhmen,
kjendte under Navn af Zdarsky-
Hory eller de mæhriske Bjerge,
ere de vigtigste Hoider i denne
Deel.

90. Böhmerwald: Arber.
91. Rachel.
92. Plockenstein.
93. Dreysesselberg.
94. Schönningerberg.
95. Kohautberg.

2den Deel.

imellem March eller Morawa,
Oder, Brandenburgersletten, El-
ben, Moldau, Iglawa, Zassawa;
den indbefatter Sudeterne, Rie-

sengebirge, Bjergene ved Lausitz
og den østlige Deel af Zdarsky-
Hory.

96. Kreuzberg.
97. Sudeterne: Altvater.
98. Schneeberg (Glatzer-)
99. Riesengebirge: Iserkamm.
101. Riesenkoppe eller
Schneekoppe.
100. Eulengebirge: Hohe Eule.
102. Zobtenberg.
103. Gräditz Berg.
104. Lausitzerbj.: Jeschkenberg.
105. Gr. Winterberg.
106. Hohenstein.
107. Rückenberg.
108. Börzel.
109. Paprottberg.
110. Golmberg.
111. Hagelsberg.
112. Flaming.

## VII. Alpesystemet.

Naturlige Grændser: Middelhavet, en
Deel af det galliske Systems Ost-
grændse, Sydgrændsen af det ger-
maniske System, Donau, Sau, Kulpa,
Indsænkningen sydost for Fiume,
Adriatiske Bugt, Po, Tanaro og Mt.
Ficherino (9) mellem Monte Calvo (1)
og Col de Tende (10), hvor Kjeden
tager en anden Retning ligesom et
andet Navn.

**Sydlige og vestlige Parti**

danner 3 Grupper.

1ste Gruppe
indbefatter Soalperne, mellem Rho-
nen, Middelhavet, Tanaro og en Linie
fra Saluz nord forbi Col Roburent
(11) og Mt. Ventoux (6) indtil
Rhonen.

1. Montagnes de Maures.
2. Gr. Etoile.
3. Mtgs. d'Esterel: Mt. St.
Victoire.
4. Leberon Kjeden.
5. Alpinerne.

6. Mtgs. de Lure; Mt. Ventoux.
7. Cheval-blanc.
8. Valplan.
9. Mont Ficherino.
10. Col de Tende.
11. Col Roburent.

### 2den Gruppe,
mellem Rhonen, den første Gruppes Nordgrændse, Po, Susa-Dalen og Are-Isere. Denne Gruppe indbefatter de cottiske Alper.

12. Mont Viso.
13. Mouchèrol.
14. Obiou.
15. Gr. Pelvoux.
15* Chalanche.
16. Mont Cenis; Pass.
17.                    d'Ambin Gletsch.
18. Col de Fenetres.

### 3die Gruppe,
imellem anden Gruppes Nordgrændse, Rhonen, Genfersøen, en Linie østen om Montblanc (23) over St. St. Bernhard (28), Dalen Aoste, Dora og Po. De graiske Alper ere indbefattede i denne Gruppe.

19. Perron des Encombres.
20. Iséran.
21. Rocca-Melone.
22. L. St. Bernhard.
23. Montblanc.
24. Mont Trelot.
25. Mt. Grenier.
26. Les Voirons.
27. Dent du Midi.

### Midterste Parti,
deelt i 3 Grupper, nemlig:

### 1ste Gruppe,
indbefattende de penninske Alper imellem Rhone, St. St. Bernhard, Dora, Po, Tessin og Dalen d'Omo d'Ossola indtil St. Gotthard (34).

28. St. St. Bernhard.
29. Mont Carnera.

30. Tagliaferro.
31* Mont Rosa.
31. Mt. Cervin ell. Matterhorn.
32. Simplon.
33. Gries eller Grieshorn.

### 2den Gruppe,
imellem Genfersø, Rhone, Øvre-Rhin, Bodensø, Aar og Høisletten ved Bern. Helvetiske og Lepontiske Alper findes i denne Deel.

34. St. Gotthard.
35. Finsteraarhorn.
36. Gallenstok.
37. Jungfrau.
38. Diablerets.
39. Molesson.
40. Jorat.
41. Hechkant (Furgg).
42. Napf.
43. Pilati-Bj.
44. Dódi.
45. Haut-Sentis.
46. Hornli.

### 3die Gruppe
danner de store Masser: rhætiske Alper med deres nordlige og sydlige Affald imellem 1ste og 2den Gruppes østlige Grændse, Donau indtil Passau, Inn, Salza og Etsch, fra Arns Kilder til den adriatiske Havbugt.

47. Vogel.
48. Splügen.
49. Monte dell'Oro
50. Bernina.
51. Wormser Joch.
52. Stilfser Joch.
53. Ortles.
54. Monte Gavio.
55. Monte Gazza.
56. Monte Baldo.
57. Monte Brunone.
58. Monte Legnone.
59. Corno di Canzo.
60. Monte Generoso ell. Calvaggione.
61. Mont Bouscer.
62. Zeda-Monte.

63. Strela.
64. Falknis.
65. Hochvogel.
66. Auf der Raith.
67. Peissenberg.
68. Sollstein.
69. Oezthaler Ferner.
70. Brenner.
71. Waznann.
72. Hohe Göll.

**Østlige Parti**

i følgende 3 Grupper:

**1ste Gruppe,**

mellem Etsch, den adriatiske Bugt, Tagliamento, en Linie fra et Punkt vest for Mont Terglou (96) indtil Villach (V) og Øvre-Drau. De carniske Alper udgjøre Bjergmasserne i denne Deel.

73. Mont-Schlern.
74. Marmelata.
75. Cima d'Asta.
76. Cima di Portola.
77. Euganeerne.
78. Monte St. Mauro.
79. Monte Croce (Kreuz-Berg).
80. Villacher Alpe (Dobratsch).

**2den Gruppe**

dannes fortrinsviis af de noriske Alper og Bakony - Bjergene, og indesluttes af Drau, Donau, Inn og Salza.

81. Gross-Glockner.
82. Rathhausberg.
83. Tennenberg.
84. Schneeberg.
85. Priel.
86. Traunstein.
87. Geisberg ell. Gaisberg.
88. Hochgailing.
89. Stang-Alp.
90. Eisenhut.
91. Schökelberg.
92. Oetscher.
93. Kahlengebirge.
94. Wiener Schneeberg.
95. Bakony-Bj.

**3die Gruppe**

indbefatter de juliske Alper og Mont Papus eller Papouk mellem 1ste Gruppes østlige Grændser, det adriatiske Hav, den omtalte Indsænkning ost for Fiume, Kulpa, Sau og Drau.

96. Terglou.
97. Col de Loibel.
98. Steiner Alp.
99. Papus-Bj.
99* Karschgeb.
100. Schneeberg ell. Snisnik.
101. Monte Maggiore.

# VIII. Karpatherne.

Naturlige Grændser: Floden March, Oders Kilder, Weichsel, Sau, Øvre-Dnister, Sereth og Donau.

**Nordlige og vestlige Parti,**

imellem de angivne Grændser March indtil Øvre - Dnister, Pruths Kilder, Theis og Donau. Tatra-Gruppen er den egentlige Masse og danner egentlig talt Karpatherne.

1. Matra-Bj.: Kekes.
2. Dargo Bj.
3. Vihorlet: Szinna-Klippen.
4. Kugelsberg.
5. Tatra-Bj.: Bonnutzerspitze, Eisthalerspitz og Hundsdorferspitz.
6. Pic de Krivan.
7. Pic de Chocz.
8. Fatra-Gruppen: Krivan.
9. Mont Klak.
10. Jablunka-Passage.
11. Babia-Gura.
12. Prassiva-Bj.: Diumbier.
13. Kralova-Hola.
14. Hradova-Bj.
15. Schemnitzer-Bj.

**Østlige Parti**

indbefatter Karpatherne i Transylvanian og Bukovino - Bj., omgivne af Donau, Theis og Sereth.

16. Bukovins Bj.: Kuhhorn.
17. Margitte & Budos Bj.: Nagy Hagymas.
18. Budos.
19. Fagaras Bj.: Negoi.
20. Bihor.

## IX. Helleniske System.

Naturlige Grændser: Indsænkningen øst for Fiume, Kulpa, Sau, Donau, det sorte Hav, Marmorhavet, det ægæiske Hav, Middelhavet og den adriatiske Bugt.

### Østlige Parti,

imellem det sorte Hav, Marmorhavet, det ægæiske Hav, Vardari, Fernia, de 2 Drinfloder (den sorte og den hvide) Morava og Donau. Balkan eller Hæmus er den vigtigste Masse i denne Deel.

1. Balkan: Orbelus.
2. Scardus.
3. Scomius.
4. Despoto-Dagh eller Rhodope.
5. Menikion.
6. Pounhar-Daghi.
7. Tasso (Øen Tasso).
8. Athos eller Monte Santo.
9. Cap Paillouri.

### Sydlige Parti,

imellem det ægæiske Hav, Middelhavet, Drin - Fl., Fernia og Vardar, indbefatter, foruden Pindus, flere isolerede Grupper af meget betydelig Høide og Udstrækning.

10. Candaviens Bj.
11. Tomoros.
12. Acrocerauni-Bj.
13. Pindus-Kjeden.
14. Chamousi-Bj.
15. Paa Corfu: Pontocrator-Bj.
16. Volutza-Bj.
17. Olymp.
18. Ossa.
19. Pelion.
20. Oeta.

21. Parnas.
22. Helicon.
23. Ktipa.
24. Citheron.
25. Hymete.
26. Geranien.
27. Zyria.
28. Malevo de Laconie.
29. Malevo (Artemisius).
30. Taygetus.
31. Øen Cephalonica: de sorte Bj.
32. - Negropont: Delphi.
33. - — St. Elias.
34. - Scyros: Cochila.
35. - Melos: St. Elias.

### Vestlige Parti,

med de dinariske Alper og omgiven af Drin, Morava, Sau, Kulpa og det adriatiske Hav.

36. Talenka Draga.
37. Capella.
38. Kleck.
39. Øen Lossini: Ossero.
40. - Cherso: Sys.
41. - Meleda.
42. Vellebitsch Bj.
43. Plissevitza Bj.
44. Dinario.
45. Prologh.
46. Biocova.
47. Paa Candia: Ida.

## X. Italienske System.

Naturlige Grændser: Middelhavet, den adriatiske Bugt, Po, Tanaro og Indsænkningen mellem Col de Tende og Monte Calvo.

### 1. Italien.

#### Nordlige Parti,

bestemt mod Syd ved Tiberen og en Linie fra St. Stefano ved Rimini, mod Nord ved Systemets almindelige Grændser. Indbefatter de nordlige Apenniner.

1. Col du Monte Calvo.
2. Col de la Bocchetta.

3. Monte Castellano.
4. Apuane Alper: Alpe di Campo-
raghena.
5. Monte Cimone.
6. Monti di Pistoia.
7. Falterona.
8. Cima di Vernia.
9. Øen Elba: Mt. Capanne.
10. - Monte Christo.
11. Mt. Amiata.
12. Cap Argentario.
13. Monte Soriano.
14. Mt. St. Oreste.

### Midterste Parti

indbefatter Mellem - Apenninerne
og er begrændset mod Nord af
ste Deels Sydgrændte og mod
Syd af Volturno og Cesone.

15. Monte di Carpegna.
16. Monte Catria.
17. — Pennino.
18. — Fionebo.
19. — Sibilla.
20. — Vetora.
21. Terminillo.
22. Gran-Sasso d'Italia.
23. Monte Vellino.
24. — Majella.
25. — Meta.
26. — Matese.
27. — Gargano.
28. — Gennaro.
29. — Cavo.
30. — de Treconsini.
31. — Schiena d'Asino.
32. — Circeo.
33. — di Fato.

### Sydlige Parti,

syd for Volturno og Cesone, ind-
befatter de sydlige Apenniner.
34. Vesuv.
35. Monte Somma.
36. Øen Ischia: Mont Epomeo.
37. Monte San-Angelo.
38. Øen Capri: Mte. Solaro.
39. Monte Bulgario.
40. — Pollino.
41. La Sila.

42. Monte Cucuzzo.
43. Aspromonte.

### 2. Øen Sicilien.

Den store Vulcan Ætna og Ma-
donie-Bjergene ere de vigtigste i
denne Deel.
1. Monte Scuderi.
2. — Venerata.
3. Ætna.
4. Madonie-Bj.
5. Monte Camarata.
6. — St. Michel.
7. — Pellegrino.
8. — Cuccio.
9. — St. Giuliano.
10. Macaluba (Dyndvulkan).

### 3. De lipariske Øer.

1. Felicudi: Montagnuolo.
2. Stromboli: Monte Schicciola.
3. Vulcano.
4. Lipari: Monte St. Angelo.

### 4. Øen Sardinien.

1. Monte Genuargentu.
2. Limbarra-Bj.: Mt. Gigantinu.
3. la Nurra-Bj.
4. Marghine-Bj.
5. d'Arbus-Bj.
6. Sept Freres-Bj.

### 5. Øen Corsica.

1. Monte Padre.
2. — Cinto.
3. — Rotonda.
4. — d'Oro.
5. — Piano.

### XI. Krim eller det tauriske System.

1. Tschatyrdagh.
2. Babugan Jaila.
3. Demirdschi Jaila.

### XII. Europas store Slette.

Naturlige Grændser: Biscaya-Bugten,
Canalen, Nordsøen, Kattegattet,

Østersøen, den finske Bugt, Ladogas og Onegas Bassin, Ishavet, Uralkjeden, det caspiske Hav, den asovske Bugt, det sorte Hav, Karpatherne og de germaniske, galliske og hesperiske Systemer.

### Vestlige Parti,
vest for Elben.

1. Plateau de Gatine.
2. Montgs. d'Arrée.
3. — Noires.
4. Mont Halouse.
5. Plateau d'Orléans.

### Midterste Parti,
mellem Elben, Kattegattet, Østersøen, Weichsel, Karpatherne og det germaniske System.

6. Himmelbjerget (Jylland).
7. Aborrebjerg (Møen).

8. Bungsberg (Holsteen).
9. Stubbenkammer (Rügen).
10. Lysa eller Lysa-Gora.
10* Cracus-Bj.

### Østlige Parti,
østen for Weichsel.

11. Hohenstein.
12. Haasenberg.
13. Goldappberg.
14. Waldal-Bj.
15. Arrol (Megasti-Mäggi).
16. Munna-Mäggi.
17. Blauberg.
18. Marienburg (Slot).
19. Geise-Kaln.
20. Dabors-Kaln.
21. Riesenberg.
22. Szawl, By og Høislette.
23. Oszmiana, By og Høider.
24. Puzewitch.

# Rettelser.

# Chr. Steen & Søns Forlag

af

# Glober, Landkaart og Atlasser.

**Jordglobus,** efter de nyeste Kilder tegnet og graveret af Ad. Bull, udført i Farvetryk i Bærentzen & Co. lithographiske Institut, fjorten Tommer i Diameter.
a. Med fuldstændig Stativ, Messing Gradering, Horizont og Compas. 25 Rdlr. — b. Bevægelig i Jernhalvcirkel paa Fod. 16 Rdlr. — c. Uden Stativ. 12 Rdlr. (Solid Emballage i Kiste for **a** og **b** beregnes à 2 Rdlr. og for **c** 1 Rdlr.)

**Atlas over Danmark,** udgivet af Ad. Bull, optaget i Marken ved oculairt Croquis ved Topograph L. Both, hvoraf er udkommen:
**Fyen og Langeland,** 2 illum. Blade, Størrelse for hvert Kaart 21" × 34", Priis for hvert Kaart. 2 Rdlr. 48 Sk. — **Sjælland og Møen,** 4 illum. Blade, Størrelse for hvert Kaart 24" × 30", Priis for hvert Kaart. 2 Rdlr. 48 Sk. — **Nørre-Jylland,** vil udkomme complet i 12 Blade, Størrelse for hvert Kaart 21" × 26", Priis for hvert Kaart. 2 Rdlr. 48 Sk. samt 3 Extrablade. — **Laaland og Falster,** udkommer complet i 1 Blad, 23" × 32". 2 Rdlr. 48 Sk.

**Kaart over Europa,** tegnet og graveret af Ad. Bull, 4 illum. Blade, samlet Størrelse 55" × 42". 8 Rdlr. —

**Kaart over Kongeriget Danmark,** med Hertugdømmerne Slesvig, Holsteen og Lauenborg, tegnet og graveret af Ad. Bull (2den reviderede Udgave), 4 Blade, samlet Størrelse 48" × 40", med detailleret Illumination, Priis 4 Rdlr.

**Kaart over de skandinaviske Riger:** Danmark, Sverrig og Norge, tegnet og graveret af Ad. Bull og C. Henckel, 4 Blade, samlet Størrelse 46" × 32". Priis illum. 4 Rdlr.

**Hansen,** Lieutenant i Søetaten, **Kaart over Verdenshavene,** 3 Rdlr. opklæbet, ferniseret paa Stokke 6 Rdlr. — **Physisk-meteorologisk Atlas til Skolebrug** i 3 store Kaart, hvert i 6 Blade, indeholdende: Paa Kaart I, **a** Aars-Iso-thermerne. **b** Strømningerne i Verdenshavene. Paa Kaart II, **a** Maaneds-Isothermerne. **b** Vindforholdene. Paa Kaart III, **a** De magnetiske Meridianer. **b** Isoklinerne. **b** Strømningen i Atmosfæren osv. Priis for det samlede Atlas 12 Rdlr. opklæbet paa Lærred og Stokke eller i Mappe til forskjellige Priser.

**Verdens-Atlas,** af Ad. Bull og P. C. Friedenreich, complet i 20 illuminerede Kaart, Størrelse c. 19" × 22". 8 Rdlr. 32 Sk. Indb. 10 à 12 Rdlr.
☞ Enkelte Kaart af dette Atlas kunne erholdes à 40 Skilling, og Subskribenter paa samme kunne erholde Atlasset samlet eller i successive Leveringer.

**Atlas over den gamle Verden.** Udgivet af Overlærer C. Berg, graveret og indconstrueret af Ad. Bull. Cmplt. indb. 1 Rdlr. 80 Sk. Enkelte Kaart cartoneret. 28 Sk.

**Atlas til Brug ved den geographiske Underviisning,** af Friedenreich og Jantzen, 3die Oplag. Atlasset udgjør 20 illuminerede Kaart, i Format c. 12½" × 14". Priis 3 Rdlr. Enkelte Kaart à 16 Sk.

**Nyeste Skoleatlas over alle Jordens Dele,** af Bærentzen & Co., 8de Oplag, complet i 22 illum. Kaart. 80 Sk. Enkelte Blade à 3 Skilling.

# SKOLEKAART over EUROPA

med særligt Hensyn paa Höideforholdene, efter

## ESQUISSE OROGRAPHIQUE DE L'EUROPE

PAR

J. H. BREDSDORFF & O. N. OLSEN,

AF

# J. THOMSEN.

Forlagt af C. Steen & Sön.

KJÖBENHAVN 1863.

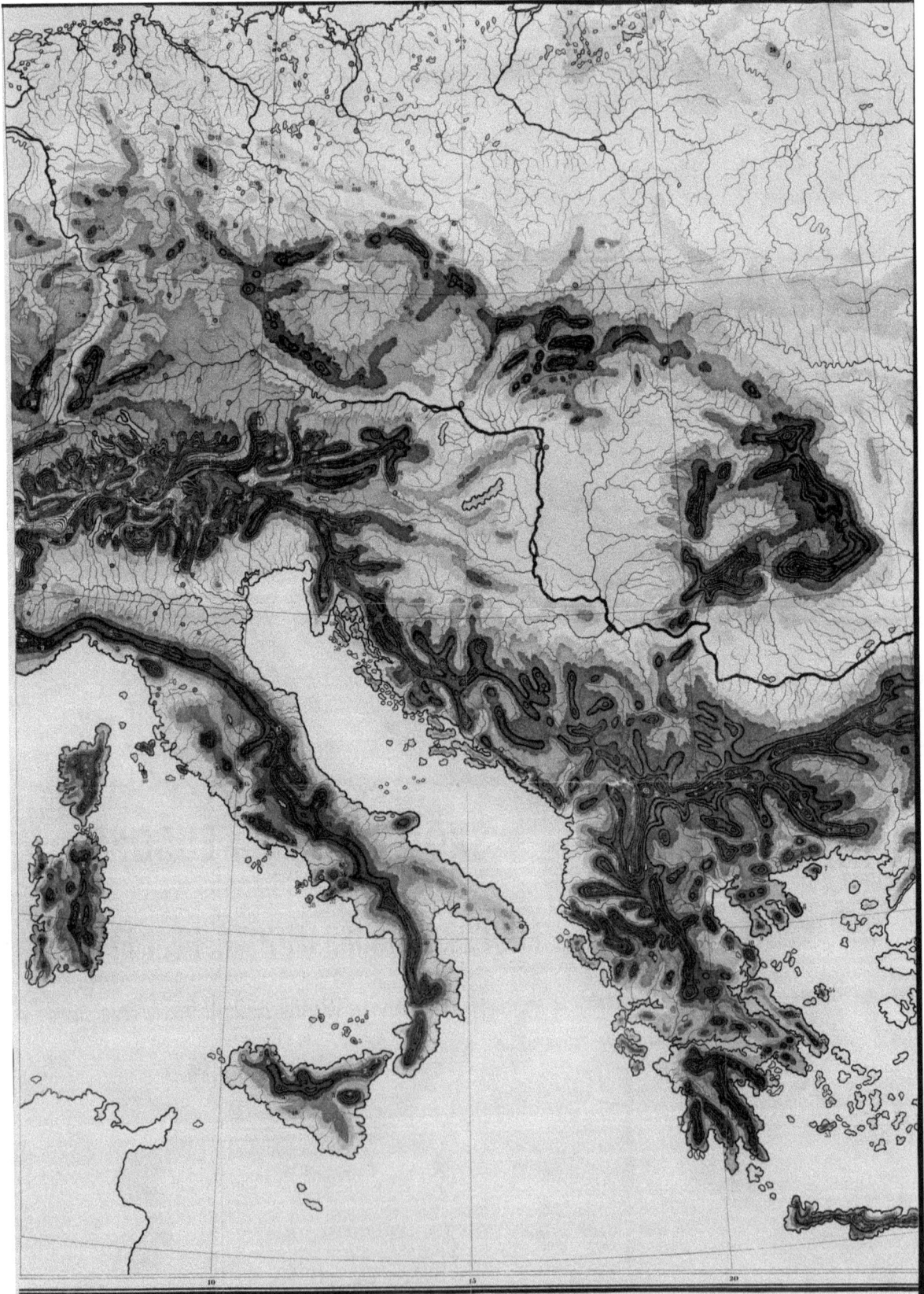

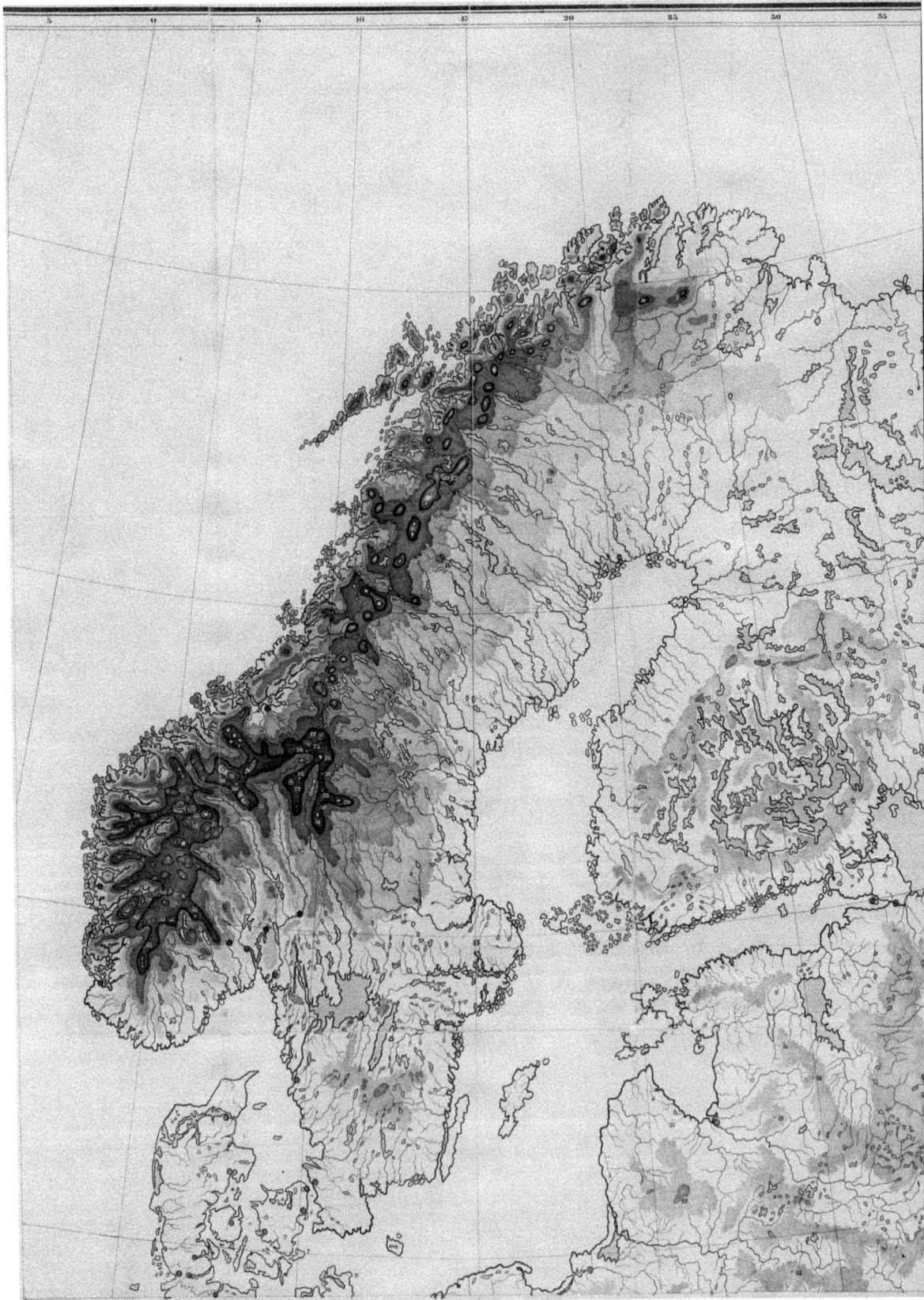

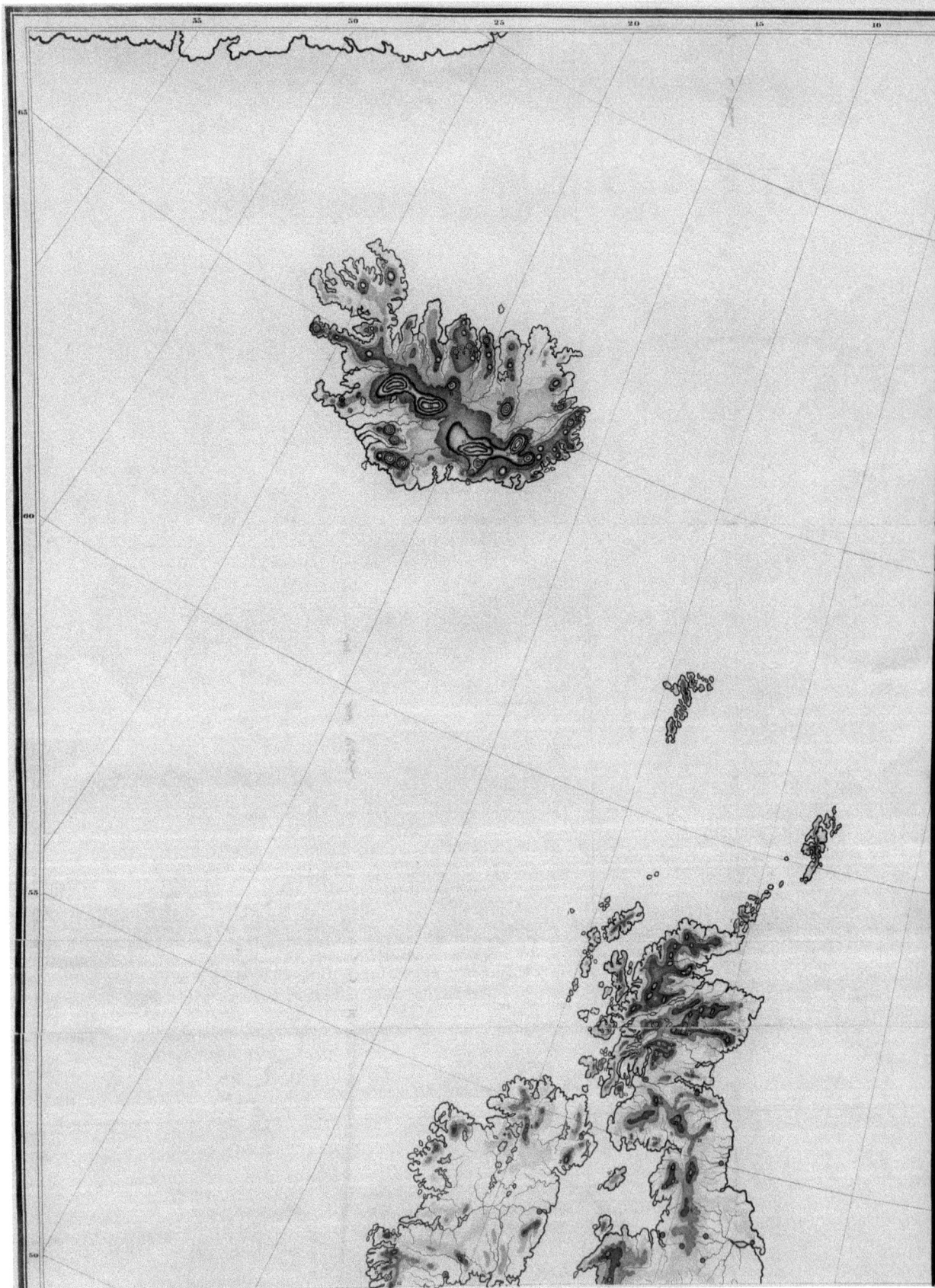

55    50    25    20    15    10

65

60

55

50

www.ingramcontent.com/pod-product-compliance
Lightning Source LLC
Chambersburg PA
CBHW081308040426
42452CB00014B/2707